Louise Reichardt. Sechs geistliche Lieder

# Sechs geistliche Lieder
## unserer besten Dichter

Vierstimmig bearbeitet

für

# 2 Sopran-und 2 Alt-Stimmen

von

# LOUISE REICHARDT.

Hamburg, 1823.

Ihrer
verehrten Freundin
der
Madame Sillem
gebornen Matthießen
widmet diese Sammlung
aus inniger Liebe und Dankbarkeit
die Verfasserin.

- Lehret und ermahnet euch selbst mit geistlichen
lieblichen Liedern und singet dem Herrn in euren Herzen.
Colosser C. 3. V. 16.

Louise Reichardt (1779-1826)

# Sechs geistliche Lieder

für 2 Sopran- und 2 Alt-Stimmen

Herausgegeben von Renate Moering, Ursula Reichert, Bettina Strübel

Edition FrauenSingen
Reichert Verlag

# Inhalt

**Bibliografische Information der Deutschen Nationalbibliothek**
Die Deutsche Nationalbibliothek verzeichnet diese Publikation
in der Deutschen Nationalbibliografie; detaillierte bibliografische Daten
sind im Internet über http://dnb.dnb.de abrufbar.

© 2016 Dr. Ludwig Reichert Verlag Wiesbaden
ISBN: 978-3-95490-187-6
www.reichert-verlag.de

# Entstehung und Textquellen

## Louise Reichardts Arbeit für Chor

Louise Reichardt wurde am 11. April 1779 in Berlin geboren und starb am 17. November 1826 in Hamburg. Ihr Liedschaffen ist von dem ihres Vaters beeinflußt, der Vertonungen schuf, die zu „Volksliedern" wurden – den Begriff hatte Herder zuerst mit seiner gleichnamigen Sammlung von 1778/79 geprägt. Als seine älteste Tochter aus der Ehe mit der Sängerin Juliane Benda hatte sie die jüngeren Geschwister und Halbgeschwister zu erziehen. Ihre musikalische Ausbildung in Gesang und Komposition war eher lückenhaft. Sie erarbeitete sich selbständig die Kenntnis des Lautenspiels nach Tabulaturen und eiferte dem Vater im Dirigieren nach. Als dessen berühmtes Landgut in Giebichenstein von den napoleonischen Truppen verwüstet und der Vater geflohen war, stellte sie aus jungen Freunden in Halle einen Chor zusammen, vermutlich auch zu ihrem Lebensunterhalt. Sie berichtete Reichardt in Brief vom 3. März 1807:

> *Ich habe hier ein Häuflein allerliebster Mädchen zusammen getrieben, wovon jeden Morgen zwey zu mir kommen u den Dienstag Nachmittag alle u noch einige reine Bass u Tenorstimmen die ich unter unsern Bekanten gefunden die zusammen schon ein recht hübsches Chor formieren, du solst noch mahl Freude daran haben.[1]*

Seit 1800 komponierte sie Sololieder, wobei Vertonungen romantischer Texte einen Schwerpunkt bilden. In mehreren Sammlungen von je 12 Liedern – 1806, 1810 und 1811 erschienen – nahm sie eine bunter Mischung auf. Es folgten 1819 *Sechs Lieder von Novalis* und 1822 *Sieben Romantische Gesänge von Ludwig Tieck.* Im Todesjahr kamen noch einmal *Sechs deutsche Lieder* heraus. 1809 zog Louise Reichardt nach Hamburg und lebte als Gesangslehrerin im Haus von Marie Louise Sillem, wo sie auch unterrichtete und in deren Saal Konzerte stattfanden. Sie zog sich einen großen Kreis ausgezeichneter Schülerinnen heran. Am 5. Juni 1811 berichtete sie Achim von Arnim (1781-1831):

> *Ich habe Gottlob jetzt einige Schülerinnen so weit gebracht daß Ihr Gesang mein Herz erfrischt und erwärmt, und habe ein kleines Choor von 6 vollkommen reinen Stimmen beysammen, welches ich wenn diese erst ganz fest und miteinander eingesungen sind zu erweitern denke.[2]*

Mit dem Pianisten und Dirigenten Johann Heinrich Clasing (1779-1829) gründete sie 1816 einen Musikverein für Aufführungen in Hamburg; sie übernahm die Arbeit der Choreinstudierungen.[3] Am 24. Januar 1817 schrieb sie an Wilhelm Grimm: *Ich habe einen kleinen Verein für Geistliche Musik, woran außer meinen besten Schülerinnen alle bedeutenden Talente Hamburgs theilnehmen.[4]* Bei diesen Konzerten mit Orchester, wie bei der Aufführung von Händels Messias in der Hamburger Michaelis-Kirche am 7. September 1818, traten hunderte von Sängern und Instrumentalisten auf. Louise Reichardt bildete sich in Klaviertechnik und Orgelspiel weiter, um die Schülerinnen zu begleiten. Außerdem studierte sie Komposition; dafür arbeitete sie Standardwerke durch und analysierte Barockmusik. Nun setzte sie auch Lieder für Chor: 1823 erschienen *Sechs geistliche Lieder unserer besten Dichter. Vierstimmig bearbeitet* für Frauenchor, 1825 *Christliche, liebliche Lieder* für gemischten Chor. Ein *Choralbuch,* für das sie auch ältere Kirchenlieder sammelte und bearbeitete, gab erst nach ihrem Tod ihr Schwager Karl von Raumer (1783-1865) heraus. Er hatte als zeitweiliger Lehrer eines Erziehungsinstituts für Knaben in Nürnberg besonderes Interesse daran gehabt.

Schon 1818 plante Louise Reichardt, geistliche Musik mehrstimmig zu vertonen. Das geht aus einem Brief Zelters vom 29. November an sie hervor:

> *Sie haben sich sicher kein leichtes Pensum vorgenommen: geistliche Musik dreistimmig zu setzen... Sie haben sicher gute Grundformen gefunden und werden durch Übung immer mehr überkommen, denn die Gedanken und der Ausdruck der Empfindung wohnt Ihnen gewiss bei, als ich diese Eigenschaften in Ihren Liedern immer mit Vergnügen wahrgenommen und davon gelernt habe. Fahren Sie nun in diesem Arbeiten fort und machen Sie täglich etwas fertig... Dabei merken Sie folgendes, was Sie bei guten alten Meistern werden bestätigt finden. Schreiben Sie die ersten Soprane in den alten Sopranschlüssel, und bleiben gleich mit der Melodie soviel als Sie können in ihrer Mitte dieses Notensystems.[5]*

Louise Reichardt antwortete am 21. März 1819 selbstkritisch darauf:

> *Indem ich nun zu Ihrem früheren Briefe zurückgehe, so muß ich sagen daß Sie Sich meinen Componierenden Zustand doch ganz anders denken als es damit beschaffen ist. Täglich, oder überhaupt etwas zu machen wäre mir rein ohnmöglich, lese ich fromme Worte die meinem Herzen zu sprechen so steht [...] das ganze Gebäude so deutlich vor mir daß ich nicht schnell genug schreiben kann um es fest zu halten, daher muß auch alles fertig werden ohne daß ich es mir vornehme. Ich*

1   Louise Reichardt. 1779-1826, Lieder romantischer Dichter, für Singstimme und Klavier. Hg. v. Renate Moering. Bd. 1: Lieder für hohe Stimme; Bd. 2: Lieder für tiefe Stimme; Notenedition mit Vorwort und Kommentar. Kassel: Furore-Verlag 2006, Zitat jeweils S. 15. Handschrift: Freies Deutsches Hochstift – Frankfurter Goethe-Museum.

2   Renate Moering, Arnims künstlerische Zusammenarbeit mit Johann Friedrich Reichardt und Louise Reichardt. Mit unbekannten Vertonungen und Briefen. In: Neue Tendenzen der Arnimforschung. Edition, Biographie, Interpretation, mit unbekannten Dokumenten. Hg. v. Roswitha Burwick und Bernd Fischer.

Bern, Frankfurt a.M., New York, Paris 1990, 263f. Handschrift: Freies Deutsches Hochstift – Frankfurter Goethe-Museum.

3   Vgl. Iris Boffo-Stetter, Luise Reichardt als Musikpädagogin und Komponistin. Untersuchungen zu den Bedingungen beruflicher Musikausübung durch Frauen im frühen 19. Jahrhundert, Frankfurt a. M. u.a. 1996 (Beiträge zur Geschichte der Musikpädagogik 4), 105.

4   Ebd., 106. Handschrift: Staatsbibliothek Berlin – Preußischer Kulturbesitz, Grimm-Nachlaß.

5   Ebd., 102. Handschrift: Goethe-Museum Düsseldorf.

*habe Gott seit vielen Jahren um nichts öfter gebethen als daß er mich fähig machen möge etwas mehrstimmiges für meine Schülerinnen zu schreiben aber nie habe ich mir vorgenommen es thun zu wollen; u. so muß ich es auch fortan darauff ankommen lassen wann der allgütige mir meine Kräfte wieder giebt, ob ich wieder etwas hervorbringen werde.[6]*

In einem Brief vom 11. Juli ohne Jahresangabe berichtete sie Zelter von ihren Theoriestudien und bat ihn um weitere Ratschläge; sie hatte die *Anweisung zum Generalbaßspielen* von Daniel Gottlob Türk (Halle, Leipzig 1781 u. öfter) durchgearbeitet:

*Beym General Bass ist mir Türks Anweisung sehr behülflich gewesen u. ich möchte nun ein eben so gutes Buch für Harmonie u. Tonsatzkunst haben, weil ich fürchte daß Clasing meinem Talent zu viel vertraut. Sie verdienen sich einen Gottes Lohn wenn Sie mir Ihre Meynung zu welcher ich so herzliches Zutraun habe darüber sagen mögen, um so mehr Clasing abwesend ist, u. ich mich nun ganz selbst leiten muß.[7]*

## Die Sechs geistlichen Lieder

Diese Lieder für vierstimmigen Frauenchor waren offenbar für ihre Schülerinnen gedacht. Der große Tonumfang in den Lagen beim *Weihnachtslied* vom tiefsten Alt zum höchsten Sopran zeigt, daß diesen gut ausgebildeten Mädchen einiges zuzutrauen war. Möglicherweise wurde diese Sammlung zunächst von einem Ensemble gesungen, das Louise Reichardt der in England lebenden Louise Benecke (geb. Falcke) am 2. Juni 1823 beschrieb; sie berichtete zunächst von einer Schülerin, Sophie Linsky, die vor Weihnachten 1822 mit dem Unterricht begonnen hatte:

*Sie hatte sich [...] die ganze Parthie [...] selbst einstudirt, die sie gar reizend gesungen, und ist dafür als ordentliches Mitglied aufgenommen worden, das heißt des kleinen Vereins von 6, höchstens 8 Stimmen, den ich vorigen Winter erst errichtet und nun durch den Sommer hindurch führe [...].[8]*

In drei Briefen, die sich im Wortlaut zum Teil ähneln, bat sie um Unterstützung für eine Sammlung, welche sich als die der *Sechs geistlichen Lieder* identifizieren läßt; weil sie damit Neuland betrat, freute sie sich über ihre kompo-

sitorischen Fortschritte. Am 25. Mai ohne Jahresangabe schrieb sie einer Tante:

*Wollen Sie, meine liebe Tante, Sich für die Subscript: der beygesend: Anzeige interessieren, u. irgend einem Kenner das Probe Lied nach welchem er die Solidität der Sache beurtheilen kann, mittheilen, so werde ich Ihnen recht herzlich dankbar dafür seyn. Sie haben eine so ausgebreitete Bekantschaft, u. ich lege deshalb mehrere Anzeigen bey falls Sie einigen entfernteren Freunden Aufträge Subscribenten zu sammeln geben möchten.*

*Ich wünschte recht sehr mit diesem kleinen Werk etwas mehr als bisher mit meinen Liedern zu gewinnen, indem ich wenig Stunden mehr geben kann, wegen meiner schwachen Nerven u. gern mich etwas zurückziehn möchte um eine größere Arbeit, die mich aber sehr froh beschäftigt zu vollenden bevor ich sterbe.[9]*

Am 6. Juni (ohne Jahreszahl) bat sie Wilhelm Grimm ebenfalls um Werbung für ein – offenbar gerade erschienenes – kleines Werk:

*Darff ich Sie bitten, bester Freund, einliegende Anzeigen über Ihre Freunde nah und fern zu vertheilen. Das kleine Werk macht hier u. in den benachbarten Städten zu großes Auffsehen als daß ich noch an dem Werth desselben zweifeln könnte, indem Kenner u. Liebhaber gleich herzlich davon gerührt sind.*

*Ich bin zu meiner unaussprechlichen Freude noch auf meine alten Tage zu einem recht ernsten Studium der Harmonie, wozu es mein Leben immer an Muße gebrach, gekommen, u. hoffe, indem nie vor mir ein Frauenzimmer den <u>reinen vierstimmigen</u> Satz erreicht hat, dadurch meinen Ruff in Deutschland auf immer zu begründen.[10]*

Aus einem undatierten Brief an den Berliner Verleger Georg Andreas Reimer geht – durch die Erwähnung des ersten Lieddichters, Johannes Geibel, – hervor, daß es sich dabei um die *Sechs geistlichen Lieder* handelt:

*Ich bin noch auf meine alten Tage zu einem recht ernsten Studium der Harmonie des General Basses gekommen, woran es immer an Zeit und Muße gefehlt u. fühle mich unaussprechlich glücklich dadurch in den Stand gesetzt zu sein dem Herrn ein würdiges Loblied zu singen. Ich habe auch in dieser Absicht bey-gehendes gutes Lied von unserem Geibel gewählt, welches ich als Einleitung der Sammlung sein lasse. Sprechen Sie den Segen darüber lieber Reimer und bitten auch Schleiermacher darum, den ich aus treuem Herzen grüße auf daß es reichlich Frucht bringe. Die Lieder habe ich so verschieden als der Gegenstand immer erlaubt zu behandeln gesucht drey heitere u. drey ernste, daraus ich das letzte etwas weiter ausgeführt habe*

6   Ruth Heckmann, „...die Noth [...] [die] zum Autoren macht". Zur Ambivalenz einer Komponistinnenbiographie: Louise Reichardt. In: Gabriele Busch-Salmen, Eva Rieger (Hg.), Frauenstimmen, Frauenrollen in der Oper und Frauen-Selbstzeugnisse, Herbolzheim 2000 (Beiträge zur Kultur- und Sozialgeschichte der Musik 1), 108. Handschrift: Goethe- und Schiller-Archiv, Weimar. Das Jahr ist erschlossen.

7   Heckmann, 110. Auf 1822 datiert. Handschrift: Goethe- und Schiller-Archiv, Weimar.

8   Martin Gottlieb Wilhelm Brandt, Leben der Luise Reichardt. Nach Quellen dargestellt. 2. Aufl. Basel 1865, 133f. Zu Sophie Linsky vgl. auch Helene M. Kastinger Riley, Die weibliche Muse. Sechs Essays über künstlerisch schaffende Frauen der Goethezeit, Columbia, South Carolina 1986: „Der eine Weg der Ergebung." Louise Reichardts musikalisches Schaffen und Wirken im kulturellen Leben Hamburgs, 122-153, bes. 145 und 248f. Kastinger Riley analysiert aus dieser Sammlung die Lieder *Dem Herrn, Buß-Lied, Fürbitte für Sterbende* und *Tiefe Andacht* (148-151, Abb. 231-238).

9   Kastinger Riley, 246. Ihre Datierung: 1822.

10   Heckmann, 111. Handschrift: Staatsbibliothek zu Berlin – Preußischer Kulturbesitz, Handschriftenabteilung, Signatur: Grimm-Nachlaß 702, Bl. 48. Datierung von Heckmann: 1822. Vorher zitiert bei Boffo-Stetter, 126f. mit Abbildung (Abb. 5). Datierung von Boffo-Stetter: 1821.

*um ungefähr zu zeigen was sich von einer größeren Arbeit, die mich eben sehr froh beschäftigt, erwarten läßt.*[11]

Louise Reichardt erwähnt nicht nur den Text von Johannes Geibel, sondern gibt auch eine treffende Charakteristik aller sechs Lieder: *drey heitere u. drey ernste.* Ihr Brief ist somit eindeutig zuzuordnen und auf 1823 zu datieren, als die Sammlung erschien.

In einem undatierten Brief schreibt Louise Reichardt an Elise Campe (1786-1873), die Tochter des Hamburger Buchhändlers Benjamin Gottlob Hoffmann und Frau des Buchhändlers August Campe:

*Liebste Campe, wollen Sie mir erlauben Ihnen meine Lieder zu Füssen zu legen? Für den der nicht singt ist dies kleine Werk eben auch ein Gesangbuch zum Lesen, u. ich hoffe Sie werden mit der Wahl der Worte zufrieden sein. Sollte Campe einige Ex: brauchen so habe ich noch einige wenige u. erwarte mehr in dieser Woche.*[12]

Die Passage bezieht sich offenbar auf die *Sechs geistlichen Lieder.*

## Widmung, Druck und Motto

Der *Madame Sillem gebornen Matthießen* widmete Louise Reichardt diese *Sammlung.* Sie wurde als Tochter des Bankiers Hieronymus Matthiessen 1749 geboren und heiratete den Kaufmann Garlieb Helwig Sillem (1728-1801), der als Partner in die Bank aufgenommen wurde. Sie hatte 17 Kinder; Louise Reichardt unterrichtete auch ihre Töchter. Der Tochter Louise Sillem ist ihr op. 3 gewidmet: *XII Gesaenge mit Begleitung des Fortepiano's.* Privatdruck auf Subskription 1811.[13] Louise Reichardt wohnte mit einer Unterbrechung bis zum Tod von Marie Louise Sillem Anfang des Jahres 1826 in ihren Haus Hamburg, Große Reichenstraße 28); diese hinterließ ihr sogar ein kleines Kapital, das ihr jedoch nicht mehr nützen konnte. Der Generationsunterschied zwischen den beiden Frauen machte das Leben für die junge Musikerin bei ihr nicht leicht; so lehnte Marie Louise Sillem aus Prüderie Goethes Gedichte ab; Louise Reichardt meinte gegenüber Wilhelm Grimm am 30. Dezember 1809: *Soviel Güte sie für mich hat, ist es doch oft mit vieler gène verbunden.*[14]

Widmungen waren damals oft ein Dank für finanzielle Unterstützung, zumal Komponisten als freie Künstler ungesichert lebten. Vielleicht hat die Gönnerin sogar diesen Druck bezahlt. Das Titelblatt nennt keinen Verleger. Bisher nahm man an, daß die *Sechs geistlichen Lieder* bei dem Hamburger Verleger Cranz erschienen, wie später ihre *Christlichen, lieblichen Lieder* (1825) und *Sechs deutschen Lieder* (1826). Doch keine Ausgabe sonst, weder bei Cranz noch in ihren früheren Sammlungen bei Böhme, zeigt das gleiche Druckbild, nicht in der Form der Noten und erst recht nicht in dem handschriftlichen Text. Die Flüssigkeit und Neigung der Schreibschrift deutet auf die Technik der Lithographie hin. Es könnte sich, wie bei den 1811 Louise Sillem gewidmeten *Gesaengen*, um einen Privatdruck handeln.

Das Motto – auf der Rückseite des Widmungsblatts – entnahm Louise Reichardt dem Neuen Testament: dem Brief das Apostels Paulus an die Kolosser in der Übersetzung Martin Luthers: *lehret und vermahnet euch selbst mit Psalmen und Lobgesängen und geistlichen lieblichen Liedern und singet dem Herrn in eurem Herzen.* (Kapitel 3, Vers 16) Sie kürzte den Satz, modernisierte *vermahnet* zu *ermahnet* und veränderte *eurem* zu *euren.* In seine strenge Rede fügt Paulus den Ratschlag ein, Gott in religiösem Gesang zu finden und zu loben. Die fromme Komponistin fand darin eine Rechtfertigung ihrer Arbeit. Karl von Raumer setzte den ungekürzten Vers später als Motto vor das *Choralbuch* (Basel: Spittler 1832).

## Die Textdichter

### Dem Herrn

Das Lied stammt von Johannes Geibel (1776-1853). Nach dem Studium in Marburg und einer Hauslehrerzeit in Kopenhagen war er seit 1797 Pastor der evangelisch reformierten Gemeinde in Lübeck. Geibel trat auch durch zahlreiche gedruckte Predigten hervor. Er war bekannt mit Friedrich Schleiermacher, auf dessen Empfehlung er 1817 die Ehrendoktorwürde der Universität Berlin erhielt. Da auch Louise Reichardt mit Schleiermacher seit seiner Zeit in Halle befreundet war, könnte sie Geibel durch ihn persönlich kennengelernt haben. Dessen Sohn Emmanuel Geibel (1815-1884) wurde als Dichter berühmt.

Geibels Lied erschien zuerst 1821 in der Hamburger Zeitschrift *Friedensboten* (1. Jg., III. Heft, 2. Februar, 33f.).[15] Wie in Louise Reichardts Sammlung ist es nur mit den Initialen *J.G.* unterzeichnet. Es trägt dort die Überschrift *An Ihn.* In einer protestantischen Zeitschrift war das unmißverständlich auf Gott zu beziehen. Wenn die Komponistin allerdings damit eine Sammlung eröffnete, war es sinnvoll, durch die Überschrift *Dem Herrn* den Text als Gemeindelied zu charakterisieren. Von den sechs Strophen Geibels übernahm sie die ersten drei unverändert. Wenn sie nur die Initialen angab, respektierte sie wohl seine Anonymität. Wie Auguste Teschner (geb. 1799), damals Erzieherin bei Karl und Friederike von Raumer, Louises Schwester, in ihrem Gedächtnisbuch berichtete, wurde dieses Lied im Jahr seiner Entstehung schon in Giebichenstein bei Halle gesungen. Die Autorin kannte jedenfalls den Verfasser nicht oder verwechselte

1  Heckmann, 110f. Handschrift: Handschrift: Staatsbibliothek zu Berlin – Preußischer Kulturbesitz,. Musikabteilung, Signatur Mus. ep 5, Luise Reichardt. Erstdruck: Boffo-Stetter, 126 (mit Lesefehlern). Heckmann datierte den Brief auf den 26. Mai 1822, korrigierte den Text und identifizierte den Adressaten, 110f.

2  Kastinger Riley, 247. Handschrift: Staats- und Universitätsbibliothek Hamburg (ebd. 240). Kastinger Riley meint, der Brief beziehe sich auf die *Geistlichen Lieder* (ebd. 248).

3  Vgl. Moering, Zusammenarbeit, 223; Louise Reichardt, Lieder romantischer Dichter, Bd. 1 u. Bd. 2, je 19.

4  Reinhold Steig, Die Familie Reichardt und die Brüder Grimm. In: Euph., 15. Ergänzungsheft, 1923, 37.

15  Herrn Kirchenpräsident i. R. Eberhard Cherdron, Speyer, danke ich herzlich für diesen freundlichen Hinweis.

ihn in der Erinnerung. Sie berichtet in ihren *Lebensbriefen* über das Jahr 1821 vom Eintreffen Louise Reichardts:

> *Eine große schlanke ebenmäßige Gestalt; aus dem bleichen, stillen Antlitz glänzten die schönen dunkelbraunen Augen mild hervor. Die Bewegungen waren ruhig, würdig, fast feierlich; in dem weißen, einfachen Ueberrock, anschließendem Häubchen, einer langen Kette mit einem Kreuz machte sie den Eindruck einer Aebtissin. [...] Louise gab uns, d. h. fünf Personen: Sophie Reichardt, Fanny Polleau, mir, Fritz Reichardt und Wackernagel, Stunden im Gesang [...]. Ich besitze ein altes Buch: Auszüge aus K e m p i s' vermischten Schriften, darin sind auch einige Lieder von ihm, die gefielen ihr sehr wohl; sie componirte mehrere und schrieb mir eins zum Andenken in mein Notenalbum. Hier hast Du es:*
>
> *Herr, schaue auf uns nieder! [...] Du leuchtest in uns, Quell des Lichts!*
>
> *Dies Lied sangen wir bald vierstimmig und hatten große Freude daran.[16]*

Möglicherweise war das Lied damals für Frauen- und Männerstimmen vertont. Im oben zitierten Brief an Reimer nennt Louise Reichardt *unseren Geibel* mit Namen; vermutlich kannte der Berliner Verleger ihn auch persönlich.

Der aus der Erweckungsbewegung kommende Pfarrer Johannes Evangelista Goßner (1773-1858), den Louise Reichardt 1825 in Hamburg kennenlernte, nahm Geibels Lied *Herr, schaue auf uns nieder...* in sein Gesangbuch auf: *Sammlung auserlesener Lieder von der erlösenden Liebe*, Leipzig: Karl Tauchnitz 1825, Nr. 481, 223, allerdings mit zwei anderen Melodieempfehlungen. Er gibt für den Verfasser die Abkürzung *J. Gbl.* an, d. h. er kannte seinen Namen. Das Gesangbuch ist die 3. erweiterte Auflage eines 1821 und 1822 in St. Petersburg erschienen Werks. Da Goßner alle sechs Strophen abdruckt, dürfte er sich auf den Erstdruck in den *Friedensboten* stützen. Daß er Louise Reichardts Vertonung kannte, ist dennoch anzunehmen. In dem dazugehörigen *Choralbuch Enthaltend die Melodieen zu der Sammlung auserlesener Lieder von der erlösenden Liebe von Johannes Gossner* (Leipzig: Tauchnitz 1825) ist von *L. Reichardt* ein vierstimmiger Satz für gemischten Chor zu dem Lied: *An den Erlöser: Bleibe bei uns, denn es will Abend werden...* abgedruckt; der Text stammt von Gossner selbst.[17]

## Buß-Lied

Das Gedicht stammt von Christian Graf zu Stolberg-Stolberg (1748-1821). Er und sein jüngerer Bruder Friedrich Leopold (s.u.) wuchsen in Dänemark auf, wo ihr Vater Oberhofmeister war; der Dichter Klopstock (s.u.) war sein Freund. So ist dessen Einfluß auf ihre Dichtungen unverkennbar. Während ihres Jura-Studiums wurden sie Mitglieder des Dichterbunds *Göttinger Hain*. 1820-1825 erschien, von Christian begründet, in 20 Bänden eine Ausgabe der beiden Stolberg: *Gesammelte Werke der Brüder Christian und Friedrich Leopold Grafen zu Stolberg* (Hamburg: Perthes und Besser). Das *Buß-Lied* steht im 2. Band, in dem die Gedichte gemischt abgedruckt sind: *Oden, Lieder und Balladen* (1821, 231). Das Inhaltsverzeichnis gibt als Entstehungsjahr *1806* an und setzt als Verfasser hinzu: *Chr.* (VII).

Abweichungen: Die Anrede an Gott (*Deines, Dich*) ist großgeschrieben. In Strophe 1 geht nach der 4. Zeile der Satz weiter: *Wollst [...] Geduld, Stärken.* Louise Reichardt ändert den grammatischen Zusammenhang und beginnt neu mit der Bitte: *Stärke.*

## Morgenlied

Der Text stammt von dem Schweizer reformierten Pfarrer und Schriftsteller Johann Kaspar Lavater (1741-1801). Johann Friedrich Reichardt war mit Lavater gut bekannt und vertonte mehrere seiner Gedichte; seine Tochter könnte das Lied durch ihn kennengelernt haben. Es ist mehrfach gedruckt: *Christliche Lieder von Johann Caspar Lavater* Zürich: Orell, Gessner, Füssli und Comp., *Viertes Fünfzig Christlicher Lieder*, 1780, 173f.: *Morgenlied einer christlichen Haushaltung. – Johann Kaspar Lavaters nachgelassene Schriften*, Bd. 3: *Vermischte Gedichte.* Hg. v. Georg Geßner. Zürich: Orell, Füßli u. Comp. 1801, 1. Buch *Religiose und moralische Gedichte.* 3-5: *I. Morgenlied einer christlichen Haushaltung.* Diese Ausgabe wurde von Louise Reichardt benutzt, denn der Text stimmt überein. Aus Lavaters achtstrophigem Gedicht übernahm sie die Strophen 1, 3 und 4 für ihre Komposition. Im Erstdruck lautet die letzte Zeile der ersten Strophe: *Der uns Ruh giebt und weckt.* Im Druck von 1801 dann – wie in der Komposition –: *Der durch Ruh' uns labt und weckt.* Bei Lavater ist es die ganze Familie, die sich morgens *kindlich* bittend an Gott wendet. Wenn der Titelzusatz wegfällt, betet der einzelne Mensch oder – im Chor – eine unbestimmte gläubige Gruppe; die *Kinder* sind die Gläubiger gegenüber Gott-*Vater*.

## Fürbitte für Sterbende

Louise Reichardt vertonte in dieser Sammlung zwei Texte von Friedrich Gottlieb Klopstock (1724-1803), dem berühmtesten religiösen Dichter des 18. Jhds, besonders durch sein Hexameter-Epos *Messias*. Die *Fürbitte für Sterbende* erschien zuerst 1758 in: *Geistliche Lieder.* Kopenhagen, Leipzig: Friedrich Christian Pelt, 73-77. Im Original hat das Lied 11 Strophen zu 5 Zeilen. Louise Reichardt suchte die Strophen 1, 3 und 4 für ihre Kompo-

---

16 Lebensbriefe der Auguste Teschner. Mit einer Vorrede von D. W. F. Besser. 1. Bd., Leipzig, Dresden 1866, 267-269.

17 Freundlicher Hinweis von Eberhard Cherdron.

ition aus; der Text stimmt bis auf kleine Abweichungen in Orthographie und Zeichensetzung überein.

## Weihnachtslied

Das Lied stammt von Friedrich Leopold Graf zu Stolberg-Stolberg (1750-1819), dem Bruder von Christian Graf zu Stolberg (s.o.). Er wurde als Dichter bekannt, auch als theologischer Schriftsteller, der 1800 katholisch wurde.

Das Lied steht in: *Gesammelte Werke der Brüder Christian und Friedrich Leopold Grafen zu Stolberg* (Hamburg: Perthes und Besser), 2. Band: *Oden, Lieder und Balladen* (1821, 132-136). Das Inhaltsverzeichnis gibt als Entstehungsjahr *1793* an und setzt als Verfasser hinzu: *L.* (S. V). Das Original hat 12 Strophen, es beginnt: *Uns ward heut' ein Kind gegeben...* Die Anspielungen auf verschiedene biblische Personen erschweren dem Laien ein spontanes Verständnis. Louise Reichardt übernimmt die Strophen 5, 6 und die Schlußstrophe 12 und damit Verse, in denen sich ein persönliches Bekenntnis findet.

Abweichung: Strophe 6 bzw. 2: Louise Reichardt schreibt in der 1. Zeile *uns* statt *euch*.

Brandt hebt dieses Lied hervor: „Unvergessen wird für immer ihre herrliche Komposition des Weihnachtsliedes *Welche Morgenröthen wallen* sein und gesungen werden, so lange man überhaupt Christgesänge anstimmt; es athmet so ganz ihr Wesen: leicht und zart bewegt es sich bis zu dem, einen mächtigen Eindruck hervorbringenden, Chor: *Zaget nicht, denn große Freud' ist euch wiederfahren heut!* Den großen Umfang der Stimme in Melodie und Harmonie hatte sie indeß bei diesem Liede wohl nur nach der eigenen umfangreichen bemessen."[18]

## Tiefe Andacht

Der Text stammt aus Klopstocks Lied *Die Grösse der Christen*. Es erschien zuerst in: *Geistliche Lieder*. 2. Teil. Copenhagen, Leipzig: Pelt, 19-23. Hier Text verglichen mit der Ausgabe: *Klopstocks Lieder.* Carlsruhe: Christian Gottlieb Schmieder 1795, 205-207: *Die Grösse der Christen: Herr! Welch Heil kann ich erringen!* Die Strophen haben einen komplizierten Aufbau; die 12 Zeilen sind nicht gleich lang; das Reimschema ist: a a b c c b d d e f f g. Louise Reichardt suchte aus dem sechsstrophigen Lied die Strophen 4 und 5 heraus, die zusammen einen Gedanken ausmachen, jeweils begonnen mit *Wenn [...] O! dann*. Die dichterische Form erlaubte keine Vertonung als einfaches Strophenlied. Das Lied ist durchkomponiert, wenn auch mit ähnlichem Beginn der Strophen. Für die überlange 6. Zeile der 2. Strophe: *Die Kron am Ziel und betet an, und betet an* benutzte sie die Möglichkeit der Polytextur: *Die Kron* wird vom 1. Sopran gesungen, *am Ziel* gleichzeitig von den anderen Stimmen.

## Textvarianten

Abweichungen von den Quellen wurden beim jeweiligen Lied erwähnt; Orthographie und Zeichensetzung sind dabei nicht beachtet. Im Original sind die Strophen bei keinem Gedicht numeriert.

Für den Text unter den Noten wird auf historische Schreibung verzichtet.

Im Erstdruck ist bei einigen Liedern die 1. Strophe nach der Musik wiederholt, bei anderen nicht. Das scheint eher willkürlich nach den Platzmöglichkeiten geschehen zu sein. In den hinter der Musik gedruckten Strophen beginnen sämtliche Zeilen mit Großbuchstaben, was im modernen Notendruck nicht sinnvoll ist.

*Renate Moering*

---

18 Brandt, 21.

# Dem Herrn

J[ohannes] G[eibel]

Louise Reichard[t]

 978-3-95490-187-6

# Buß-Lied

[Christian Graf zu] Stolberg

Louise Reichardt

978-3-95490-187-6

# Morgenlied

[Johann Kaspar] Lavater

Louise Reichardt

978-3-95490-187-6

# Fürbitte für Sterbende

[Friedrich] Klopstock

Louise Reichardt

978-3-95490-187-6

freit         nun   bald  von      Ei - tel - keit.
Gott!        Ein  Schlum - mer   sei      der   Tod.
nicht,        vor  dei - nem   An - ge - sicht.

freit   nun  bald  von   die - ser   Ei - tel - keit.
Gott!  Ein  Schlum - mer   sei   für  sie   der   Tod.
nicht,  Herr,  Herr,  vor  dei - nem   An - ge - sicht.

freit         nun   bald  von   Ei - tel - keit.
Gott!        Ein  Schlum - mer   sei    der   Tod.
nicht,        vor  dei - nem   An - ge - sicht.

freit         nun   bald  von   Ei - tel - keit.
Gott!        Ein  Schlum - mer   sei    der   Tod.
nicht,        vor  dei - nem   An - ge - sicht.

# Weihnachtslied

[Friedrich Leopold Graf zu] Stolberg

Louise Reichard

978-3-95490-187-6

# Tiefe Andacht

[Friedrich] Klopstock

Louise Reichardt

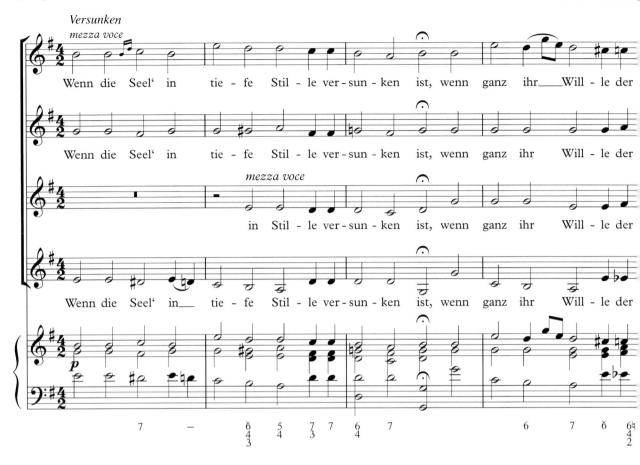

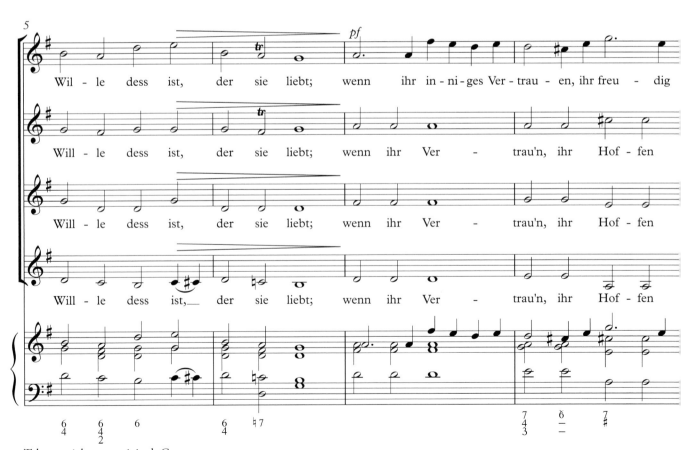

Taktvorzeichnung original: C

978-3-95490-187-6

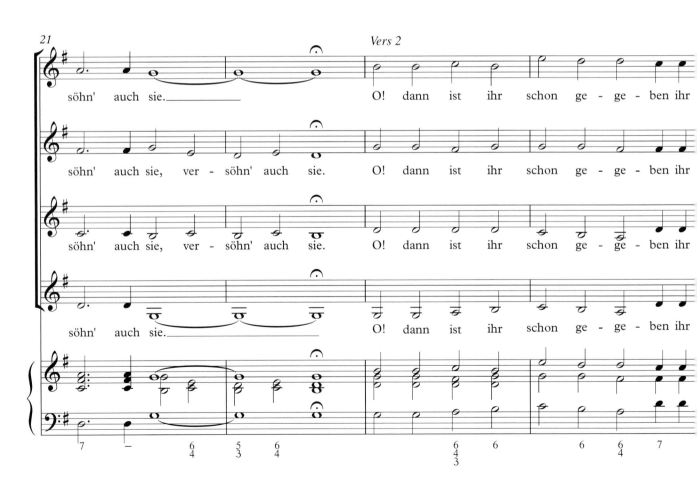

978-3-95490-187-6

neu - er Nam', und e - wig's___ Le - ben im Him - mel ist ihr Wan - del dann.

neu - er Nam', und e - wig's Le - ben im Him - mel ist ihr Wan - del dann.

neu - er Nam', und e - wig's Le - ben im Him - mel ist ihr Wan - del dann.

neu - er Nam', und e - wig's Le - ben im Him - mel ist ihr___ Wan - del dann.

Stark, den Streit des Herrn zu strei - ten, sieht sie die Kro - ne schon von wei - ten am Ziel, und be - tet___

Stark, den Streit zu strei - ten, sieht sie schon von wei - ten die Kron' und be - tet

Stark, den Streit zu strei - ten, sieht sie schon von wei - ten die Kron' und be - tet

Stark, den Streit zu strei - ten, sieht sie schon von wei - ten die Kron' und be - tet

978-3-95490-187-6

23

978-3-95490-187-6

du er - würgt; An - be - tung, Ruhm und Dank sei dir, Dank dir!

du er - würgt; An - be - tung, Ruhm und Dank sei dir, und Dank sei dir!

du er - würgt; An - be - tung, Ruhm und Dank sei dir, und Dank sei dir!

du er - würgt; An - be - tung, Ruhm und Dank sei dir, Dank dir!

# Zur Musik

*Wir besitzen von L. R. nur Liedercompositionen; sie sind meist sehr einfach, ausdrucksvoll, sangbar, tiefempfunden; alle athmen ein Gefühl von milder Schwärmerei, Sehnsucht und Klage. "[1]*

## Louise Reichardts weltliches Liederschaffen und Liedästhetik des frühen 19. Jhs.

Louise Reichardt schrieb über 60 Lieder, gedruckt erschienen seit 1806[2] – allerdings sind die meisten Lieder weltlich, oft nach Gedichten empfindsamer und romantischer Dichter wie Arnim, Brentano, Tieck u.a., aber auch auf französische oder italienische Texte, z.B. des italienischen Dichters Metastasio. Zeittypisch wurden diese Lieder in der bürgerlichen Musikpraxis oft von Frauen gesungen und in schlichter Harmonisierung begleitet. Alternative Begleitinstrumente zum Klavier/Cembalo waren die Harfe und die Laute oder Gitarre, die Louise Reichardt spielte und auf denen sie sich beim Singen selbst begleitete.[3]

Ab der Mitte des 18. Jhs. („erste Berliner Liederschule"), besonders ab 1780 und dann am Beginn des 19. Jhs. („zweite Berliner Liederschule") erfuhr die Gattung „Lied" einen ungeheuren Aufschwung.[4] Gleichzeitig entwickelte sich für das neu komponierte Lied eine Liedästhetik des „Einfachen", Sangbaren – Einfachheit, Natürlichkeit in Melodie und Duktus entsprachen dem Ideal, dem „Volkston".[5]

Durch den Rückgriff auf Volkslieder versuchte man zum Ursprung, zum „Ächten" zu gelangen und das Ursprüngliche sollten eben nach Herder, der diesen Begriff prägte „Volkslieder" sein.

Louise Reichardt war mitten in diesem Geschehen – ih Vater, Joh. Friedrich Reichardt (1752-1814), gilt als einer de Hauptvertreter der sog. „zweiten Berliner Liederschule" (ih Großvater, Franz Benda – über ihre Mutter, die Sängerin Juliane Benda – gehörte zur „ersten Berliner Liederschule" Joh. Friedrich Reichardts Werk besteht zum großen Teil au Liedvertonungen, u.a. Gedichten von Goethe, die dieser kongenial zu seinen Dichtungen empfand.[6] Dabei wurde von den Komponisten Melodien auf Gedichte gesucht die dann wieder ins „Volk" gelangen sollten. Auch Goeth schätzte es sehr, dass seine Gedichte durch die Musik (v.a. i Vertonungen von Reichardt und Carl Friedrich Zelter (1758 1832) eine weite Verbreitung fanden und damit wieder zum Volkslied werden konnten. Einigen Komponisten der zweite Berliner Liederschule ist dies gelungen wie J. A. P. Schulz mi *Der Mond ist aufgegangen* oder J. Fr. Reichardt mit *Bunt sin schon die Wälder*; auch Louises Lieder erlangten teilweis diese Bekanntheit.[7]

Reichardts Anwesen in Giebichenstein bei Halle wa geistiger und musikalischer Treffpunkt, Goethe, Zelter und viele romantische Dichter waren zu Besuch, u.a. Achim vo Arnim und Clemens Brentano, welche die Liedersammlun *Des Knaben Wunderhorn* 1805/08 veröffentlichten. Die Melodien wurden in der *Wunderhorn*-Sammlung nicht mitge druckt, aber teilweise von den Menschen, die den Sammler die Texte mitteilten, mitgeliefert. Dies war natürlich auch nu Beiträgern möglich, die Melodien notieren konnten, auc daher scheiterte das Unterfangen Arnims und Brentanos, di Melodien mitzuliefern an ihrer Unkenntnis und „erforder te" Neukomposition, um die Lieder zum gewünschten Le ben und zu ihrer Wirkung im Volk zu erwecken. Briefe de Herausgeber Arnim und Brentano sprechen davon, dass si eine Vertonung der *Lieder* durch Reichardt und auch durc seine Tochter Louise Reichardt erhofften. Dazu kam es zwa bei J. Fr. Reichardt nicht, seine Tochter Louise hat jedoch ei nige *Wunderhorn*-Lieder vertont.[8] Die Liedersammlung De Knaben Wunderhorn konnte auch als *Erbauungsbuch*[9] wir ken, entsprechend dem pädagogischen Ansatz.

Louise Reichardt vertonte im Gegensatz zu ihrem Vate der vor allem Goethe in Musik setzte, viele Lieder der Ro mantiker. Dabei ist insbesondere der Vergleich von Verto nungen desselben Textes interessant. Das Lied *Feldeinwärt flog ein Vögelein* von Ludwig Tieck wurde von Zelter[10] un ter dem Titel *Herbstlied* und Louise Reichardt[11] unter den Titel *Liebe wintert nicht* vertont, schon im Titel ein andere

1 Schletterer, Hans Michael, „Reichardt, Luise" in: Allgemeine Deutsche Biographie 27 (1888), 648-651 [Onlinefassung]; URL: http://www.deutsche-biographie.de/pnd119344769.html?anchor=adb

2 Vereinzelte Lieder in Sammlungen, die J.F. Reichardt herausgab, erste eigene Publikation *XII Deutsche und italiänische romantische GESAENGE mit Begleitung des Piano-Forte componirt [...] von Louise Reichardt*; s. Moering, Renate (Hg.), Louise Reichardt, Lieder romantischer Dichter für Singstimme und Klavier, Kassel 2006 (zwei Bände), Aufführung der dort edierten Drucke jeweils S. 17-20 (ausgewählte sechs weltliche Liedsammlungen, die Liedvertonungen romantischer Dichter enthalten); eine posthum erschienene Liedersammlung ist also op. 6 bzw. 8 bezeichnet: s. Allgemeine Musikalische Zeitung 1827, Sp. 542-544. Besprechung von *Sechs deutsche Lieder mit Begleitung des Pianoforte, in Musik gesetzt von Louise Reichardt. 8te Liedersammlung. Hamburg, bey Cranz*.

3 vgl. Brief an ihren Vater, März 1807 aus Halle: *Sehr glücklich bin ich auch wieder im Besitz meiner Laute nach welcher ich mich wie nach einem geliebten Kinde gesehnt habe.* (zit. n. Moering, Lieder 2006, 16). Achim von Arnim an Bettina Brentano, Berlin 16. März 1809: *[...] Sie spielt Guitarre Laute Clavier mit Fertigkeit.* (Handschrift Freies Deutsches Hochstift, Signatur 7294).

4 Als Beginn der „Berliner Liederschule" gilt Christian Gottfried Krauses (1719-1770) Schrift *Von der musikalischen Poesie* (1753), Mitglieder der Liederschule waren seine Kollegen, Musiker am Hofe Friedrichs des Großen (Carl Philipp Emanuel Bach, Christoph Nichelmann, Johann Friedrich Agricola, Franz Benda, Joh. Gottlieb Graun und Carl Heinrich Graun, Johann Joachim Quantz, Christoph Schaffrath). In den Abhandlungen *Von der musikalischen Poesie* (1753) von Krause und *Die Melodie, nach ihrem Wesen sowohl, als nach ihren Eigenschaften* (1755) von Christoph Nichelmann entwickelten sich ihre Ästhetik. Ziel war die Rückführung des Liedes von barocken Künstlichkeiten auf einen schlichten volkstümlichen Ton. Krause: *Oden mit Melodien* 1761, *Lieder der Deutschen mit Melodien* in vier Bänden 1767-8.

5 vgl. Kim, Mi-Young, Das Ideal der Einfachheit im Lied von der Berliner Liederschule bis zu Brahms, Kassel 1995 (= Kölner Beiträge zur Musikwissenschaft 192).

6 *Goethes Lieder, Oden, Balladen und Romanzen mit Musik von J.F. Rei chardt*, Leipzig 1809.

7 Bis um 1870 gesungen, z. B. *Es sang vor langen Jahren*.

8 s. Kastinger Riley 1986, 125f.; Moering, Lieder, Bd. 2, 19.

9 Moering, Lieder, Bd. 2, 17: Brief 1./14. Juni 1806 von Brentano an Arnin B. zitiert den Volksliedsammler Elwert, dessen zwei Kinder gestorben wa ren: *diese Kinder konnten das Wunderhorn beinahe auswendig, welche überhaupt ein wahres Erbauungsbuch bei uns ist. Ich [...] sende Ihnen dahe beiliegendes Lied im Volkston, das mir mein Herz am Grabe meiner Kinde erleichterte.*

10 Zelters Vertonung wird noch heute im Unterricht benutzt: moderne Aus gabe s. z.B. Unterrichtslieder. Eine Sammlung von 60 beliebten Liedern m Klavierbegleitung, Leipzig u.a. (Edition Peters), Q4458B

11 Vgl. Moering, Lieder 2006, Bd. 2, 52-54.

chwerpunkt/ Bedeutungsgebung des Textes. Der Vergleich er beiden Vertonungen zeigt bei Zelter eine etwas spröde, on Tonwiederholungen und klassischen Figuren (mit Punkerungen verschiedener Schnelligkeit) geprägte Melodie im /8-Takt in harmonisch übersichtlicher Vertonung als einfaches Strophenlied, wobei die Begleitung den Rhythmus der ingstimme übernimmt. Louise Reichardts Vertonung dagegen ist bei aller Ähnlichkeit (gleicher Beginn mit Quarte, gleiche Grundtonart, gleiche Melodie-Idee für Text: *weit, weit*) wesentlich ruhiger, in einheitlich wiegendem Rhythmus (3/8, Viertel plus Achtel) der Singstimme und gekennzeichnet durch eine ruhigere Bewegung, im Bass eintaktig ganze Noten mit höchstens taktweise wechselnden Akkorden sowie mit rhythmisch einheitlicher, fließender Bewegung von Akkordbrechungen in der Oberstimme der Begleitung, komponiert als variiertes Strophenlied. Der Schluss von Strophe 1 st gestaltet in fragendem Dominantakkord plus Fermate, in trophe 2 findet sich eine dem Text entsprechende, schlussestätigende Durstimmung, damit die beiden Strophen als ange Frage und zuversichtliche Antwort zusammenfassend. D/T). Die bei Zelter in der Struktur ebenso gedachte Betonung des Textes *weit, weit* mit zwei längeren hohen Tönen st bei Louise Reichardt statt in einem Takt auf zweimal zwei Takte ausgedehnt, der Ausdruck damit auf die Höhepunkte des Fliegens und das *Herz* gerichtet, der Text hier durch die onst gleiche rhythmische Gestaltung wesentlich mehr hervorgehoben, der Schluss ebenfalls dem Text angemessener und emotionaler. So ist Louise Reichardts Vertonung bei aller Einfachheit des Satzes emotional differenzierter und ausdrucksvoller.

Ein anderes Beispiel für besondere Textbehandlung und Ausdruckskraft ist das Lied *Unruhiger Schlaf* (nach einem Gedicht von Achim von Arnim).[12] Die Vertonung beginnt ungewöhnlich mit harmonisch unklarem bzw. schnell ausweichendem Beginn mit Es-Dur, C7, f-moll, der sich erst nach mehreren Takten in Es-Dur stabilisiert, dann bald mit eptakkord G7 in die Mollparallele c-moll der Grundtonart Es-Dur geht und bis zum Schluss zwischen c-moll und Es-Dur schwankt (bzw. mit Dominantseptakkorden die e „vortäuscht"), harmonische Unruhe und „zweifelhafte" timmung erzeugt. Dies geschieht dadurch, dass die Grundonart nur ganz am Anfang, kurz zwischendurch und am chluß auftaucht und die Singstimme im Vorhalt und auf der chließlich zu erkennenden Dominante B7 zu Es-Dur endet. Auch Rhythmus und Melodik folgen dem Textgedanken: ruige, getragenere Melodik des Träumenden zu Beginn, ungewöhnliche Melodiesprünge mit Tonsymbolik (*die Blüte inkt* durch Nonen-Sprung! nach unten, *Mond sinkt in der rde Schoß*, Mond kleine Sext nach unten und Erreichen der dunklen Mollparalleltonart bei *Erde Schoß*, verminderte Quinte[13] nach unten, Wechsel der Lage im Sept-Akkord und

um dann Raum nach oben und Anlauf zu haben für den ausdrucksvollen Sprung in die kleine Sext bei *schien so rot und groß* – wieder Es-Dur), Tempowechsel zeigt Belebung, evtl. den Gedanken des Aufwachens an, dann aber wieder ruhigeres Tempo *die Sterne blinken zweifelhaft im Blauen*" – beim Text *zweifelhaft* ein etwas „zweifelhaftes" Intervall, übermäßige Sekunde nach unten.

Der Vergleich der beiden Vertonungen des *Feldeinwärts fliegt ein Vögelein* und die so kurze, aber farbig reiche Vertonung des *Unruhiger Schlaf*, auch wenn diese „nur" einfache Lieder sind, beleuchten im Detail schlaglichtartig die Qualitäten der Komposition Louise Reichardts und belegen die von den Zeitgenossen geschätzte gefühlvolle Art und *eigenthümliche Tiefe* dieser Kompositionen im Gegensatz zu denen ihres Vaters bzw. anderer zeitgenössischer Komponisten. *Die melancholischen Erfindungen sind nicht, wie sonst fast bey allen Frauenzimmer-Compositionen, die uns bekannt worden sind, blosse Nachklänge zur Zeit vorzüglich beliebter Meister, sondern sie sind aus der eigenen Brust hervorgequollen.*[14]

Nicht umsonst wurden ihre Lieder – im Gegensatz zu den Liedern ihres Vaters und Zelters – immer wieder nachgedruckt und sind eben einige auch längere Zeit, noch 1888, im Gebrauch gewesen, unter anderem ihre Vertonung des Weihnachtsliedes aus den *Geistlichen Liedern* 1823 (*Welche Morgenröthen wallen*).[15] *Viele ihrer Compositionen fanden durch ihre eigenthümliche Tiefe einen allgemeinen Eingang, und sind populärer geworden als die Reichardt'schen; wahre Volksgesänge, so daß man sie wohl, ihrer großen Zartheit ungeachtet, auf den Straßen von Dienst- und Bauernmädchen singen hörte, und selbst jetzt sind sie kaum ganz vergessen.*[16]

Viele Lieder sind wohl vor 1808, Louises Weggang von Giebichenstein bzw. Halle, entstanden, das Meiste gedruckt erst später, vor allem in der Zeit in Hamburg ab 1809. Manche Lieder wurden später überarbeitet bzw. wurden mehrfach vertont. Man sieht daran auch verschiedene Stufen der Weiterentwicklung des Zeitstils, der Notationsgewohnheiten (Notation in zwei oder drei Systemen mit entsprechender Selbständigkeit von Singstimme und Klavier, dazu s.u.) und

akkord in der Singstimme ist auch in den geistlichen Liedern Louise Reichardts zu finden, allerdings auch an Stellen, an denen der Text von Schmerz, Kreuz, Leid spricht – und der verminderte Akkord oder verminderte Septakkord, ganz wie seit dem Barock üblich, zur Charakterisierung von Schmerz eingesetzt ist (entgegen Kastinger Riley, die diese verminderte Quint als ungewöhnlichen „Tritonus" besonders hervorhebt, Kastinger Riley 1986, bes. 150f.). Türk in seiner Generalbass-Schule nennt nur die übermäßige Quart als bestehend aus *3 ganze Töne(n)* („Tritonus"), die verminderte Quint als zusammengesetzt aus *2 ganze und 2 gr. halbe Töne* (vgl. Daniel Gottlob Türk, *Anweisung zum Generalbaßspielen*, 1791, zit. nach Ausgabe Wien 1822, 12). Nur die übermäßige Quart ist also der zu vermeidende Tritonus, der seit dem Mittelalter als Teufel in der Musik gilt.

14  Allgemeine Musikalische Zeitung 1827, Sp. 542-544.

15  *Sie besaß eine sehr schöne seelenvolle Stimme, spielte vortrefflich die Harfe, und die von ihr componirten Lieder zählen zu den geschätztesten Liedergaben ihrer Zeit; einige derselben („Nach Sevilla", „Es singt ein Vögelein witt, witt, witt", „Durch den Wald mit raschen Schritten", „Welche Morgenröthen wallen" u. a.) sind heute noch nicht verschollen. [...]* (Schletterer, Hans Michael, „Reichardt, Luise" in: Allgemeine Deutsche Biographie 27 (1888), 648-651 [Onlinefassung]; URL: http://www.deutsche-biographie.de/pnd119344769.html?anchor=adb

16  Steffens, Henrik, Was ich erlebte: aus der Erinnerung niedergeschrieben, Bd. 6, Breslau 1842, 89f., Permalink: http://www.mdz-nbn-resolving.de/urn/resolver.pl?urn=urn:nbn:de:bvb:12-bsb10067108-2

2  Moering, Lieder 2006, Bd. 2, 30f. Erstdruck 1810 in Musikbeilage von Arnims *Gräfin Dolores*, Hs. des Liedes Februar 1810.

3  Die für Stimmführung von Vokalstimmen nicht sehr übliche verminderte Quinte as-d ist hier allerdings nicht sehr auffällig betont, sondern als melodische Aufnahme der Akkordbrechungen des B7-Akkords im Klavier kein Tritonus im engeren Sinn (übermäßige Quarte), der sehr ungewöhnlich wäre, sondern als verminderte Quinte abgeleitet vom laufenden B-Dur-Septakkordes eher instrumental gedacht als Lagenwechsel des laufenden B-Dur-Septakkordes; alle anderen Sprünge in den Takten vorher und nachher sind wesentlich mehr hervorgehoben. Dieser Einsatz der verminderten Quinte als Lagenwechsel in Septakkord oder vermindertem Sept-

ihres eigenen Stils bzw. der von ihr benutzten Harmonik[17]. In Hamburg beginnt eine Zeit des Aufbaus einer selbständigen Musikerinnen-Existenz durch Unterrichtstätigkeit, Gründung eines Chors (schon in Halle 1807) und Mitgründung eines musikalischenVereins 1816, dessen Aktivitäten schließlich in großen Aufführungen von Händels Messias und Mozarts Requiem im September 1818 mündeten[18], Tätigkeiten, die das Komponieren etwas in den Hintergrund treten ließen.

Komposition von Frauen war insbesondere in diesen „einfachen" Gattungen wie Solo-Lied möglich, da die musikalische Ausbildung in Kontrapunkt und Harmonielehre Männern vorbehalten war. Denn, auch wenn die Frauen als Töchter oder Brüder von Musikern aufwuchsen, erhielten sie nicht die für mehrstimmigen Satz nötige Ausbildung. Die Liedkomposition wurde als für Frauen geeigneter betrachtet, da es für diese Musik vor allem um die Erfindung einer schönen und gefühlvollen Melodie ging. Ein zweiter Schritt war die einfache Harmonisierung, die man aus der improvisierten Begleitung ableiten konnte. Die Begleitung war teilweise für das jeweilige Instrument bestimmt ausgeschrieben (*für Guitarre, für Laute* etc.), teilweise waren eine einstimmige Basslinie als Orientierung für eine Begleitung und eine teils einstimmige, teils akkordisch mehrgriffige Oberstimme gegeben, dabei wurde in früherer Zeit (bis um 1785) meist keine gesonderte Singstimme notiert (Satz in zwei Systemen, oberes System: Oberstimme Instrument und Singstimme).[19] Bei der späteren Notation in drei Systemen wurden Singstimme und instrumentale, teilweise akkordische Oberstimme getrennt geschrieben, wobei die Bass-Stimme meist einstimmig (in späteren Zeiten ggf. oktaviert[20]), später oft ebenfalls instrumental akkordisch mehrstimmig ausgebildet ist, sich allmählich Singstimme und Begleitung voneinander emanzipieren und sich die Gattung des Sololieds bei aller (geforderten) „Einfachheit" zu großer künstlerischer Höhe entwickelt (Schubert). In diese musikalische Umgebung hinein komponiert Louise ihre Lieder und bildet ihre kompositorischen Fähigkeiten weiter.

## Die geistlichen Lieder

Die *Geistlichen Lieder* Louise Reichardts von 1823 sin Stücke „zwischen den Welten" weltlich – geistlich. Die spiegelt sich einerseits im Begriff „Lieder", deren Ästheti (Gebot der Einfachheit, „Volkston") und musikalische Ent wicklung oben skizziert wurden, zum Anderen im Adjekti „geistlich", dessen Zusammenhänge im Folgenden erläuter werden sollen.

Im heutigen Sprachgebrauch werden Lieder meist als So lolieder verstanden. Geistliche Lieder als Sololieder mit Ge neralbass gab es seit dem 17. Jh.. Geistliche Lieder als (auc mehrstimmige) Kirchenlieder für den Gesang im Gottes dienst durch die Gemeinde sind davon nicht immer gut z trennen. Im Frühbarock sind Texte von Paul Gerhardt, Ma tin Rinckart u.a. in mehrstimmigen Vertonungen von Johan Crüger, Heinrich Schütz, Johann Georg Ebeling zum Al gemeingut gottesdienstlicher Gesänge geworden. Der Pie tismus führte zu einer Flut von geistlichen Liedern für de häuslichen Gebrauch: das 1704 erschienene Gesangbuch vo Freylinghausen umfasste z. B. 1500 Lieder. Ein musikalische Höhepunkt sind Johann Sebastian Bachs „Schemelli-Lieder" Melodien bekannter Kirchenlieder mit Generalbaß zu *Sche mellis Musicalischen Gesangbuch* 1735, von Bach wurde Melodien und Generalbass „verbessert". Sie sind Sololiede für die private Andachtspraxis und zur privaten Erbauun und in dieser Form nicht für den Gebrauch im Gottesdiens bzw. in der Gemeinde gedacht.

Gesangbücher wurden nicht immer mit Melodien, son dern vor allem zunächst als Textsammlungen veröffentlich Auch geistliche Lieder neuerer Dichter wurden in Erbau ungsbüchern, Textsammlungen ab 1800 in größerer Zahl be kannt. Eine neue Welle pietistischer Frömmigkeit ging einhe mit den restaurativen Tendenzen des beginnenden 19. Jhs nach der Zeit der Aufklärung und der napoleonischen Krie ge. Die Romantik als Gegenbewegung zur säkularisierende Aufklärung umfasste auch den religiösen Aspekt (Natur al Religion, Musik und Kunst als Religion), wobei geistlich Themen, Texte, Musik als Mittel zur Auferbauung und Erzie hung zum Besseren, zum Höheren galten. Clemens Brentan und andere wandten sich in ihrer späteren Lebenszeit de Glauben zu. Auch Louise Reichardt pflegte Kontakte m Theologen wie Schleiermacher und ließ sich durch geistlich Gespräche mit ihm anregen.[21] Ihre eigene geistliche Entwick lung in den letzten Lebensjahren ist gekennzeichnet durc Lektüre zahlreicher geistlicher Werke, durch geistliches Le ben, ihre Erscheinung wird als durchgeistigt, fast klösterlic beschrieben.[22] Trotz eigener finanzieller Probleme war sie i Hamburg (in offenbar zu großem Maße) in der finanzielle

---

17 Das Lied *Unruhiger Schlaf* gehört nach dem Erstdruck 1810 nicht zu den ganz frühen weltlichen Liedern (vgl. Anm. 12). Mehrfach vertont bzw. überarbeitet u.a. *Feldeinwärts*, dessen erste Version bereits 1800 erstmalig gedruckt wurde, s. Moering, Lieder 2006. Zur Entwicklung der Harmonik auch Kastinger Riley 1986, 132, 152.

18 Boffo-Stetter, Iris, Luise Reichardt als Musikpädagogin und Komponistin. Untersuchungen zu den Bedingungen beruflicher Musikausübung durch Frauen im frühen 19. Jahrhundert, Frankfurt/M. 1996 (=Beiträge zur Geschichte der Musikpädagogik Bd. 4), 105-117

19 s. Joseph Haydn, Lieder für Singstimme und Klavier, Hg. Paul Mies/ Marianne Helms, 1982, München (UE 535). Die Sammlungen *XII Lieder für das Clavier Erster Teil (1781)* und *XII Lieder für das Clavier. Zweiter Teil* (1784) sind noch in zwei Systemen notiert. Die Sammlungen *VI Original Canzonettas (1794) VI Original Canzonettas. Second Set (1795)* sind bereits in drei Systemen geschrieben. Vgl. aber Joh. Friedrich Reichardt, der noch länger die Notation in zwei Systemen benutzt bzw. abdruckt *Lieder der Liebe und der Einsamkeit*, 1798 und 1804 in zwei Systemen notiert, während die Ausgabe *Goethes Lieder, Oden, Balladen und Romanzen mit Musik von J.F. Reichardt*, Leipzig 1809 zwei- und dreisystemige Lieder bringt, die wohl ältere und neuere Vertonungen markieren.

20 vgl. die mehrfache Vertonung des Lieds *Feldeinwärts* durch Louise Reichardt. Das Lied enthält in der späteren Fassung eine durch Oktavierungen verdoppelte Stimme im Bass, was der allgemeinen Tendenz zur Vergrößerung der Stimmenzahl im Klaviersatz entspricht (s. Edition Moering, Lieder, 2006, Bd. 1. /Bd. 2).

21 Steffens, Henrik, Was ich erlebte: aus der Erinnerung niedergeschriebe Bd. 6, Breslau 1842, 91: *An Schleiermacher schloß sie sich mit großer Zune gung an, und er hatte auf ihre religiöse Bildung einen entschiedenen Einfl gehabt; [...]*.

22 s. Nachruf AMZ 29, 1827, Sp. 165–169.

Unterstützung Notleidender sehr aktiv, was für sie zu einem christlichen Leben dazugehörte.[23]

Nicht nur in Hinsicht auf ihr Liedschaffen und ihre geistliche Praxis war Louise Reichardt in die geistigen Strömungen der Zeit eingebunden.

Die Gattung geistliche Musik ist um 1820 durch die musikalische Restauration gekennzeichnet.

Die Wiederbelebung alter Musik, nicht nur der Volkslieder, sondern auch der Musik der „Alten", insbesondere der geistlichen Musik, beginnt im späten 18. Jh. und wird in Berlin an der Singakademie von Zelter und auch Reichardt gepflegt. Die Berliner Singakademie war 1791 von Joh. Friedrich C. Fasch, einem Schüler C. P. E. Bachs, nach dem Vorbild der London Academy of Ancient Music gegründet worden und entwickelte sich bald zu einem Ort der Pflege alter Musik mit regelmäßigen Aufführungen alter Meister, Händels, noch älterer Musik, aber auch J. S. Bachs. Ab 1800 war Zelter der Leiter der Singakademie und befreundet mit Reichardt, der ebenfalls Noten alter Meister sammelte und mit seiner Familie in Giebichenstein sang.

*Seine Töchter bildeten zusammen Gesangschöre, die in ihrer einfachen Weise großen Eindruck machten. Nicht allein um das das Clavier versammelt hörte man sie gern singen. Wenn, oft an lauen und stillen Sommerabenden die alten wehmüthigen, lyrischen deutschen Gesänge, von dem Waldhorn begleitet, in dem stillen Garten erklangen, war der Eindruck hinreißend.*[24] Chöre von Palestrina, Leonardo Leo, besonders ein *Cor mundum crea* sangen die Töchter oft. Im musikalischen Kunstmagazin veröffentlichte Reichardt seit 1781 Kompositionen alter Meister und Rezensionen zu Neuausgaben.[25]

Die Singakademie und Zelter waren in Berlin Mittelpunkt einer Sammeltätigkeit mit Austausch von Noten alter Meister, u.a. mit dem Sammler A. F. J. Thibaut in Heidelberg.[26]

Die Bewegung findet mit der Abhandlung *Reinheit der Tonkunst* von Friedrich Anton Justus Thibaut (Heidelberg 1824) einen ersten Höhepunkt. *Reinheit der Tonkunst* sollte erreicht werden durch den Rückgriff auf Volkslieder und auf mehrstimmige Werke der als Vorbild anerkannten Komponisten wie Händel, Palestrina, Durante[27], Marcello, Leonardo Leo. Vor allem mehrstimmige geistliche Musik war im

Zentrum der Sammlungen und Aufführungen, dabei wurden ernste Themen bevorzugt (*Miserere, Requiem, Stabat mater*).

Schon in Giebichenstein vor 1808 also hatte sich Louise Reichardt singenderweise mit alter Musik befasst. Sicher wurde sie durch den regen Austausch mit Zelter in Berlin und später zum Studium der Musik durch den umfangreichen musikalischen Nachlass ihres Vaters, seine Sammlung alter Meister, ab 1814 zusätzlich angeregt. Ihre Verbindung zu Sammlerkreisen und zu dieser Bewegung wird deutlich dadurch, dass in das von ihrem Schwager Karl von Raumer posthum herausgegebene *Choralbuch*, Druck 1832[28], mit Sätzen Louise Reichardts als einzige neuere „Melodie" eine Komposition von Bernhard Klein (1793-1832) aufgenommen wird, der in Heidelberg am Thibautschen Singkreis musikalisch in leitender Funktion teilnahm, später in Berlin bei der Singakademie war.[29]

Louise Reichardt selbst sammelte besonders Händels Musik (wollte ein Werkverzeichnis erstellen) und ließ in ihrem Gesangverein vor allem seine Werke singen (was ihr Abwertung eintrug gegenüber dem anderen Verein, der auch Zeitgenössisches, nämlich Kompositionen des Leiters des Vereins, aufführte).[30]

So wie sie Anfang des 19. Jhs. über ihren Vater J. F. Reichardt der Sammlung der Volkslieder für das *Wunderhorn* nahestand, so sammelte sie in späteren Jahren geistliche Lieder, Choräle und hatte den Plan, diese mit Karl von Raumer in einer umfangreichen Publikation zu veröffentlichen.[31] Eine kleinere Sammlung *Christliche liebliche Lieder. Gesammlet und herausgegeben von Louise Reichardt* erschien als letztes Werk vor ihrem Tod Ostern 1825. Darin sind zwei- bis vierstimmige Sätze verschiedener Komponisten zu unbekannteren und bekannteren Melodien enthalten (*O du fröhliche*[32], *Adeste Fideles* und der berühmte Satz *Tochter Zion* von Händel, mit der Bezeichnung *zum Palmsonntag*, heute zum Advent gesungen). Die Komponisten sind nicht angegeben, nach der Titelinformation (*gesammlet und herausgegeben*) ist das Meiste nicht von Louise selbst, jedoch ein Lied nach eigener Aussage offenbar von ihr selbst geschrieben. Dabei sammelte sie nicht nur die Musik, sondern brachte auch Übersetzungen bei. Die Musik der *Christlichen lieblichen Lieder* ist in zwei Systemen notiert. Dies legt eine Aufführung als Sololied nahe. Die jeweilige Angabe *auch 3stimmig zu singen* (bzw. *2stimmig, 4stimmig*) zeigt, dass auch mehrstimmige Ausführung möglich, aber nicht zwingend war. Gedacht wird also von der Melodie her, die Notation entspricht der der weltlichen Lieder.

Die große Sammlung vierstimmiger Choräle, Sätze bekannter Kirchenlieder, im *Choralbuch*, erschien nach Louise Reichardts Tod, herausgegeben von ihrem Schwager Karl von Raumer 1832 in Basel. Nach seinen Angaben im Vorwort

3   Steffens, Henrik, *Was ich erlebte: aus der Erinnerung niedergeschrieben*, Bd. 6, Breslau 1842, 99: *Die letzten Jahre ihres Lebens in Hamburg waren so ganz Anderen gewidmet, so rein fremder Noth geopfert, mit so vieler bewunderungswürdiger Entsagung verbunden, daß man den stillen und heitern Frieden eines höheren Daseins aus Allem durchleuchten sah.*

4   Steffens, Henrik, *Was ich erlebte: aus der Erinnerung niedergeschrieben*, Bd. 6, Breslau, 1842, 84.

5   *Cor mundum crea in me Deus*: Schaffe in mir, o Gott! ein reines Herz. Teil des *Miserere*, 50. Psalm, Vertonung Leonardo Leos, veröffentlicht von J. Fr. Reichardt: Leo, Leonardo: [*Cor mundum crea*], in: Musikalisches Kunstmagazin, Bd. 1, St. 4, 1782, 180-182. Auch sonst aufgeführt: *Achtstimmiges Solostück „Cor mundum crea" aus dem Miserere von Leonardo Leo, trefflich, nur zu kurz*, lt. AMZ 34, 1832, Sp. 447 aufgeführt in Berlin.

6   vgl. Reichert, Ursula, Die Zeit der Romantik, in: Kat. Musik in Heidelberg 1777-1885, Heidelberg 1985, 43-120, Thibaut: 87-101. Verbindungen zu Berlin: 89.

7   [Reichardt, Johann Friedrich]: *Durante*, Rezension, in: Musikalisches Kunstmagazin, Bd. 1, St. 3, 1782, 135.

28  *Choralbuch*, herausgegeben von Karl von Raumer, Basel 1832.

29  Reichert 1985, 89-91.

30  vgl. Kastinger Riley 1986, 137f.

31  Umfangreicher Briefwechsel darüber mit ihrer Schwester Friederike, verh. von Raumer und ihrem Schwager Karl von Raumer in den Jahren 1823 (ab November) bis1826 (ULB Münster). Es war von Raumer offenbar zunächst ein Gesangbuch (nur Texte) geplant und Louise Reichardt verwendet sich mehrfach dafür, dass das Gesangbuch auch mit Musik herausgegeben wird.

32  *O du Seelige, o du fröhliche"*(No. 9) unter dem Titel *Die drey Hauptfeste der Christenheit* mit Strophen zur Oster- und Pfingstzeit, jedoch nur der ersten Strophe des heute bekannten Liedes (EG 44).

sind die meisten Sätze von Louise Reichardt.[33] Die Notation der vierstimmigen Sätze ist in zwei Systemen mit Violin- und Bassschlüssel wie bei vierstimmigen Sätzen/Chorälen üblich, die Notenwerte sind in der Regel Halbe, wenige Durchgangsnoten als Viertel. Die Taktvorzeichnung: C, Taktstriche meist nach vier Halben, teilweise nach zwei Halben oder Dreiertakte in 3/2, also eine Notation, die damals schon unüblich war. Louise schreibt selbst darüber, dass sie die Notation alter Gesangbücher benutzt hat.[34] Auch in den Christlichen lieblichen Liedern findet sich ein Beispiel dieser Choralnotation in vier Halben mit Vorzeichnung C, evtl. übernommen von der Quelle.[35]

Louise Reichardts Geistliche Lieder 1823 sind einer ganz anderen Welt entsprungen als die weltlichen Lieder, aber auch deutlich verschieden von den rein geistlichen Chorälen des Gesangbuchs.

Alle Lieder sind vierstimmig geschrieben, jede Stimme hat ein eigenes System. Alle Lieder haben einen beigefügten Klaviersatz in zwei Systemen, der (bis auf wenige Oktavierungen im Bass des Klaviersatzes) identisch ist mit dem Satz der Gesangsstimmen in den oberen vier Systemen. Der Klaviersatz ist gleichzeitig die ausgeschriebene Generalbaß-Bezifferung. Diese Notation deutet auf die Möglichkeit der a cappella-Aufführung bzw. Unterstützung von a cappella ausgeführter Musik durch colla parte „mitlaufende" Klavierbegleitung, den ausgesetzten Generalbaß.

Die Kompositionsart der Lieder ist sehr verschieden, sie unterscheidet selbst unterschiedliche Charaktere:

*Ich habe auch in dieser Absicht bey-gehendes gutes Lied von unserem Geibel gewählt, welches ich als Einleitung der Sammlung sein lasse. [...]. Die Lieder habe ich so verschieden als der Gegenstand immer erlaubt zu behandeln gesucht drey heitere u. drey ernste, daraus ich das letzte etwas weiter ausgeführt habe um ungefähr zu zeigen was sich von einer größeren Arbeit, die mich eben sehr froh beschäftigt, erwarten läßt."[36]*

Die drei heiteren Stücke sind leicht zu identifizieren: Dem Herrn, Morgenlied und das Weihnachtslied. Die Reihenfolge der Stücke ist nicht vorgegeben durch eine Nummerierung.

Alle drei heiteren Lieder sind in Durtonarten geschrieben und haben eine relativ einfache gesangliche Struktur, leichte Melodik, Parlando. Die Oberstimme dieser drei Lieder ist bei aller Einfachheit geringfügig solistischer angelegt (Läufe, Triller, Verzierungen), die Unterstimmen begleitend.

Die drei ernsten Stücke (Bußlied, Fürbitte für Sterbend[e], Tiefe Andacht) sind im Duktus wesentlich schlichter un[d] strenger, vor allem Bußlied und Fürbitte für Sterbende. De[r] Satz ist in allen sechs Stücken relativ schlicht, meist Note ge[-] gen Note, nur leichte Bewegungen in der Oberstimme in de[n] drei heiteren (bzw. akkordische Tonwiederholungen in alle[n] Stimmen im Parlando) und sehr kurze imitierende Abschnit[-] te in den drei ernsten Stücken.

Die Gattung „weltliches Solo-Lied" ist durch die etwa[s] solistischere Bevorzugung der Oberstimme und Parlando i[n] zwei der drei heiteren Stücken präsent. Dass die Stücke in a[l-] len Stimmen solistisch besetzt (oder auch im Chor) gesunge[n] werden konnten (wie auch die Christlichen lieblichen Liede[r,] wo dies explizit ausgeschrieben ist), legt eine Aufteilung i[n] Solo- und Tutti-Abschnitte im Weihnachtslied nahe. De[r] Tutti-Abschnitt, jeweils zum Schluss der Strophen, entfalt[et] hier eine Dramatik und einen großen Schwung, der durc[h] eine Vergrößerung der Stimmenzahl und das Auftreten e[i-] nes ungewöhnlich großen Ambitus (zwischen kleinem f i[n] Alt 2 und b" im Sopran 1) gekennzeichnet ist. Die Prax[is] Sololieder mit einem kurzen Chor enden zu lassen, ist auc[h] in Vertonungen von J. Fr. Reichardt zu finden (Goethelied[er] 1809)[37]. Dieser Weihnachtslied-„Reißer" wurde so bekan[nt] dass er noch in Louise Reichardts Biographie 1888 Eingan[g] gefunden hat.

Die äußeren Charakteristika der ernsten Stücke (Bußlie[d,] Fürbitte für Sterbende) wie lange Noten, Notation in Halbe[n] („Pfundnoten"), Note-gegen-Note-Satz, Vorzeichnung [C] bei vier Halben im Takt: Tiefe Andacht („großes Allabreve[")] oder ₵ in Bußlied und Fürbitte für Sterbende nehmen Bezu[g] auf die Gattung „Geistliche Musik". Das „große Allabreve[" ] (C mit vier Halben statt vier Vierteln) von Tiefe Andacht i[st] bereits zu Louises Zeit seit langem nicht mehr im Gebrauc[h.] Das Choralbuch 1832 benutzt jedoch als Standardtaktvo[r-] zeichnung auch genau dieses „große Allabreve", das an alt[e] Notation erinnern soll, aus alten Gesangbüchern übernom[-] men ist, sodass dieses Detail in Tiefe Andacht als Rückgri[ff] auf die Gattung Choral bzw. als musikalischer Historismu[s] zu verstehen ist.

Auch die Harmonik geht auf die Unterscheidung zw[i-] schen heiteren und ernsten Stücken ein – die der ernsten Stü[-] cke ist harmonisch wesentlich komplizierter, mit zahlreich[en] Eintrübungen durch verminderte Septakkorde bei Texte[n] wie „Angst", „Schmerz", harmonische Wendungen in chro[-] matischen Übergängen und komplizierteren Modulatione[n] zwischen Schmerz und Trost. Auch die Namen wie Bußlie[d,] Fürbitte für Sterbende erinnern an die Bußlieder im Schemel[-] lischen Gesangbuch von Bach.

Im letzten Lied Tiefe Andacht ist die Spannung zwische[n] e-moll-Beginn und G-Dur ab Strophe 2 deutlich – der We[g] der „Erlösung", den der Text vorgibt, ist hier harmonisc[h] durchgeführt. Das einzige Lied, das (auch durch die For[m] des Textes bedingt) als Strophenlied durchkomponiert ist[38] entwickelt sich harmonisch in den Strophen jeweils ander[s]

---

33 Einige bekannte Lieder nach Raumers Angaben im Vorwort von anderen Gesangbüchern übernommen, eine *neuere Melodie von Klein aus Berlin* [Bernhard Joseph Klein, 1793-1832]. Zweck des Choralbuchs sei die Nutzung bei „Hausandachten". Welche der Choräle mit einer Harmonisierung von Louise Reichardt sind, müsste ggf. anhand der Harmonik bzw. anhand des Briefwechsels mit Raumers untersucht werden. Äußerlich sind sie jedoch sehr einheitlich und sowohl von den *Christlichen lieblichen Liedern* als auch von den *Geistlichen Liedern* 1823 deutlich verschieden, fast nur Note gegen Note-Satz, Notierung in 3/2 bzw. C (als vier Halbe!).

34 Brief Louise Reichardt an Friederike von Raumer, 4. Januar und 2. Februar [1825]. Handschrift: Universitäts- und Landesbibliothek Münster. Signatur: N. Raumer B 104,007. Für die freundliche Abdruckerlaubnis danke ich vielmals Herrn Reinhard Feldmann, Leiter des Dezernats Historische Bestände. *Die langen Noten habe ich mich gewöhnt vorzuziehn weil ich sie in den alten Gesangbüchern so gefunden.*

35 *Christliche liebliche Lieder*, No. 8: *Heilig, heilig, heilig* – evtl. dem hohen Gegenstand gemäß besonders altertümlich.

36 vgl. in diesem Heft: Moering Anm. 11.

37 *Goethes Lieder, Oden, Balladen und Romanzen mit Musik von J. F. Re[i]chardt, Leipzig 1809.

38 dazu s. in diesem Heft: Moering, Text zu *Tiefe Andacht*.

und nimmt dabei eng auf den Text Bezug. Die Harmonik ist reich und geht durch viele Tonarten, z. T. sehr weit entfernt (e-moll als erste Grundtonart, Es-Dur!), jedoch in der zweiten Strophe relativ schnell erstmalig zum „erlösenden" G-Dur gelangend, der Schluss endet klar in G-Dur.

Auffallend und kennzeichnend für die „Geistlichen Lieder 1823" sind: die Praxis des vierstimmigen Satzes mit jeweils einem System pro Stimme, der bezifferte Generalbass, Chromatik und komplexere Harmonik als in den weltlichen Liedern sowie einige altertümliche Züge wie Nutzung des C für vier Halbe.

Insbesondere mit dem letzten Merkmal ist Louise Reichardts Komposition eingebunden in die Tendenz zur Restauration geistlicher Musik im frühen 19. Jh., musikalischer Historismus.

Mehrstimmiger Satz, der aus durchkomponierten Stimmen gleichbleibender Zahl besteht, ist etwas Anderes als ein Sololied. Ausbildung in Kontrapunkt und Harmonielehre und Kenntnis im Aussetzen des Generalbasses war zur Komposition von Stücken höheren Anspruchs nötig. Obwohl Louise Reichardt schon zahlreiche Lieder veröffentlicht hatte, war der mehrstimmige Satz für Frauen etwas Ungewöhnliches – ein Ziel, das sie einigermaßen selbstbewußt 1822 in Angriff nahm, einen „gelehrten" mehrstimmigen Satz zu schreiben und sich damit aus der Frauenrolle herauszubegeben.

*Ich bin zu meiner unaussprechlichen Freude noch auf meine alten Tage zu einem recht ernsten Studium der Harmonie, wozu es mein Leben immer an Muße gebrach, gekommen, u. hoffe, indem nie vor mir ein Frauenzimmer den reinen vierstimmigen Satz erreicht hat, dadurch meinen Ruff in Deutschland auf immer zu begründen.*[39]

*Ich bin noch auf meine alten Tage zu einem recht ernsten Studium der Harmonie des General Basses gekommen, woran es immer an Zeit und Muße gefehlt u. fühle mich unaussprechlich glücklich dadurch in den Stand gesetzt zu sein dem Herrn ein würdiges Loblied zu singen.*[40]

Dafür studierte Louise Reichardt nicht nur die Generalbasslehre von Daniel Türk[41] und die Musik Händels und andere alte Musik, sondern nach ihren eigenen Angaben vor allem auch die Choräle von Bach und dort besonders seine Generalbass-Behandlung bzw. die Bezifferung und Harmonik.[42]

Die variantenreiche, harmonisch vielfältige Behandlung der „einfachen" Choräle und geistlichen Lieder durch Bach, die sie sehr lange und gründlich studiert hatte, war für sie also eine besondere Quelle der Inspiration und Vorbild für ihre eigenen Vertonungen.

Die harmonische Struktur ihrer *geistlichen Lieder* 1823 ist geprägt von einer häufigen Benutzung des verminderten Septakkordes bzw. verkürzten Dominantseptakkordes als Mittel der harmonischen Würze (als Wechselakkord zwischen mehrfachem Auftreten der Tonika oder Dominante)[43] oder als Mittel der Modulation. Eine Bevorzugung des verminderten Septakkords mit viel Chromatik ist auch in vielen Chorälen Bachs zu sehen.[44] Möglicherweise ist in der Bevorzugung des verminderten Septakkords bzw. chromatischer Führungen also eine Spur ihrer Beschäftigung mit den Bachschen Chorälen zu finden.

Hinzu kommt die Bezifferung der Klavierstimme, die für diese Zeit außergewöhnlich ist. Wesentlich frühere Vertonungen, z. B. Haydns *Geistliches Lied* 1784, sind ohne Generalbassbezifferung geschrieben und auch wie zu dieser Zeit üblich in zwei Systemen als Sololied mit Klavierbegleitung.[45] Auch ihre eigenen Lieder sowie die ihres Vaters und der Zeitgenossen sind ohne Generalbassbezifferung – allerdings sind natürlich die Choräle Joh. Sebastian Bachs und auch seine geistlichen Lieder zu Schemellis *Musicalischem Gesang-Buch* 1735 und Händels Werke, der Zeit gemäß, mit Generalbassbezifferung versehen.

Dass das Studium der Harmonielehre und ihre zunehmende Kenntnis der Grundlagen des mehrstimmigen Satzes sie dazu befähigten, dem hohen Gegenstand entsprechend zu komponieren, war ihr eine besondere Freude und Befriedigung. Der von ihr erstrebte „reine" mehrstimmige Satz war ein hohes Ziel der musikalischen „(Selbst-)Erziehung, der Theorie der *Reinheit der Tonkunst* (Thibaut) entsprechend.

Die *Reinheit der Tonkunst* bezieht sich auch auf die Erhabenheit des Gegenstandes (der religiösen Erbauung durch die Musik), die durch eine angemessene „würdige" Vertonung verdeutlicht werden sollte. Hierbei spielen (insbesondere in den Aufführungen von Thibaut in Heidelberg) langsames Tempo, Satz Note gegen Note und getragene Vortragsweise eine Rolle.[46]

Die Singstimmen hatten in der Ästhetik Thibauts Vorrang vor instrumentaler Ausführung der Stücke. Die a cappella-Ausführung der Sätze war das Ideal – die „Reinheit" der Stimmen sollte ungetrübt sein durch Instrumente. Zur Unterstützung des a cappella-Satzes wurde das Klavier geduldet (und benötigt). Thibaut schätzte die Generalbaßpraxis in der Klavierbegleitung so, dass er einen vollstimmigen Klaviersatz als Begleitung zu einem Händelschen Oratorium der instrumentalen Fassung vorzog; er plädierte für die Ausfüh-

39 s. Renate Moering, in diesem Heft, Anm. 10.

40 s. Renate Moering, in diesem Heft, Anm. 11, wobei Louise anschließend die *Geistlichen Lieder* erwähnt.

41 Daniel Gottlob Türk: *Anweisung zum Generalbaßspielen*. 1791 Evtl. von ihr benutzt in der verbesserten und sehr vermehrten Auflage, Halle und Leipzig, 1800 oder auch Wien 1822

42 Brief Luise Reichardt an Karl und Friederike von Raumer, [Hamburg], 28. Oktober [1825]. Handschrift: ULB Münster, Sign: N. Raumer B 104,015: (es geht über das Choralbuch, das sie mit Karl von Raumer herausgeben will): [...] *da ohne Zweifel das Buch ein Vorwort haben wird, auch ein Wort über die Bearbeitung der Choräle gesagt werde, denn ich bin es mir bewußt daß ohne eine innige Vertraulichkeit mit den alten Meistern, vorzüglich mit den Bachschen Chorälen, mit deren Bezifferung ich mich ein ganzes Jahr beschäftigt habe, wodurch mir ganze*

*Harmonienfolgen, nur nach meinem eignen Gefühl vereinfacht zur andern Natur geworden, [ich] diese Arbeit nie würde haben unternehmen können.*

43 vgl. *Dem Herrn*: Durchgang, T. 2/3, Wechselakkord in Vorhaltsquartsextakk. T. 10/11; ähnliche Wechsel s. auch in Mozarts Requiem.

44 Allerdings auch bei anderen Barockkomponisten, z. B. Händel, Messias, oder der Klassik, v. a. Mozart bei entsprechenden Themen, Requiem etc..

45 Joseph Haydn, Lieder für Singstimme und Klavier, Hg. Paul Mies/ Marianne Helms, 1982, München (UE 535), Nr. 17, aus: *XII Lieder für das Clavier. Zweiter Teil* (1784)

46 vgl. Reichert, Ursula, Die Zeit der Romantik, in: Kat. Musik in Heidelberg 1777-1885, Heidelberg 1985, 43-120, Thibaut: 87-101.

rung der Oratorien mit Orgelcontinuo und ließ gregorianische Choralgesänge mit beziffertem Bass versehen.[47]

Der Thibautsche Singkreis in Heidelberg fing ca. 1814 an sich zu bilden, etwa gleichzeitig stellte Louise Reichardt aus ihren Schülerinnen und Schülern in Hamburg einen Chor zusammen, aus dem – bereits 1816 – ein musikalischer Verein erwuchs. 1817 wurden mit Louise Reichardt Händels 100. Psalm und einige Stücke aus dem Judas Maccabäus[48], 1818 im September Händels Messias sowie Mozarts Requiem aufgeführt.[49]

Die *Geistlichen Lieder* Louise Reichardts sind also zwischen weltlichem Lied, geistlichem Solo-Lied, geistlicher mehrstimmige Musik, Satz mit a cappella-Ideal der alten Musik bzw. musikalischer Restauration und Praxis der privaten Hausandacht des Choralsingens einzuordnen.

Hilfreich kann dazu noch die gattungstechnische Einordnung der zugrundeliegenden Texte sein. Die beiden Gedichte Klopstocks sind geistliche Texte verschiedener Art (*Fürbitte für Sterbende* ein Lied, *Tiefe Andacht* mit Einfluß der Odenform). Die Ästhetik der Zeit unterschied zwischen „Ode" und „Lied", wobei einerseits verschiedene Strophenformen zugrundeliegen, da die Ode durch antike Strophenformen inspiriert ist, andererseits jeweils andere Inhalte damit verknüpft werden: die Ode hat *erhabnere Gegenstände, stärkre Empfindungen* [...], während *das Lied durch leichtere, sanftere Gefühle gekennzeichnet ist und einen sanfteren Ton hat*.[50]

So könnte man vor allem die drei *ernsten* Gesänge der *Geistlichen Lieder*, aber auch das erste Stück den „erhabeneren Gegenständen" zuordnen, wozu die Vortragsbezeichnungen *Erhaben, Demüthig, Langsam* passen. Die TaktVorzeichnung ₵ Allabreve wurde laut dem musikalischen Lexikon von Johann Philipp Kirnberger so eingesetzt: *Der Zweyzweytel oder besser der Allabrevetackt, der durchgängig mit ₵, oder auch mit 2 bezeichnet wird, ist in Kirchen*stücken, Fugen und ausgearbeiteten Chören von dem vielfältigsten Gebrauch. Von dieser Tacktart ist anzumerken dass sie sehr schwer und nachdrücklich, doch noch einmal so geschwind, als ihre Notengattungen anzeigen, vorgetragen wird, es sey denn, daß die Bewegung durch die Beywörter grave, adagio etc. langsamer verlangt wird.*[51]

Diese sehr langsame Vortragsart wird hier jeweils verlangt durch Vorzeichnung ₵ bzw. C, verbunden mit Vortragsbezeichnungen ₵ *Erhaben (Dem Herrn)*, ₵ *Demüthig (Bußlied)*, ₵ *Langsam (Fürbitte für Sterbende)*, C *Versunken (Tiefe Andacht)*.

Zwei Lieder sind nicht dem „Erhabenen" zuzuordnen, sondern dem „Kindlich-reinen" (*Morgenlied*: 3/4, *kindlich*, *Weihnachtslied*: 2/4, *unschuldig*), die „Reinheit" des Kindes und der Volkslieder sind die „andere Seite" des Ideals der „Reinheit". Melodik und Rhythmik der beiden Lieder sind durch Tonwiederholungen im schnellen Parlando geprägt und gehören dadurch vom Gegenstand und der musikalischen Faktur passenderweise eher der Gattung Lied im engeren Sinn (leichtere, sanftere Gefühle) an. Zwei Lieder sind extrem anders mit wenig rhythmischer Bewegung (*Bußlied, Fürbitte für Sterbende*), gemäß dem ernsteren Gegenstand und der Ästhetik Thibauts für Requiem, Miserere, Stabat mater. Das erste und letzte Lied (*Dem Herrn, Tiefe Andacht*) mit stärkerer harmonischer und rhythmischer Bewegung liegen zwischen den Extremen – wobei das durchkomponierte und harmonisch differenzierte letzte Werk von Louise Reichardt selbst wohl am meisten geschätzt und deshalb stolz an den Schluss gesetzt wurde. Sie stellt weitere Kompositionen dieser Art in Aussicht[52] – wozu es aber nicht mehr kam.

Die *Geistlichen Lieder* von Louise Reichardt sind gut sangbare, effektive und ausdrucksstarke Stücke, die den Zweck geistlicher Andacht und Erbauung auch in heutiger Zeit noch erfüllen können. Insbesondere das *Morgenlied* und das *Weihnachtslied* verdienen eine weitere Verbreitung in Chören, sie verbinden Gefühl, geistlichen Text, Nachdenklichkeit und Musizierfreude.

*Ursula Reichert*

---

47  Zur Bezifferung der Klavierstimme s. Praxis des Singkreises von Thibaut in Heidelberg: Reichert 1985, 89.

48  AMZ, 20, 1818, Sp. 713ff.

49  Die Konkurrenz unter den überall neu entstehenden Singvereinen war groß, sowohl ihr Singkreis in Hamburg als auch der von Thibaut in Heidelberg war von Konkurrenzveranstaltungen „bedroht". (Hamburg: Boffo-Stetter 1996, 105-111, Kastinger Riley 1986, 141; Musikleben in Heidelberg: Reichert 1985, 56-62 ). Ähnlich frühe Aufführungen kamen zustande 1816 in Heidelberg/Mannheim mit dem ersten Musikfest des neu gegründeten Rheinischen Musikvereins. Damit gehören der von Louise Reichardt mit Clasing 1816 gegründete Hamburger Musikverein und die von ihr mitorganisierten Musikfeste 1817 und 1818 zu den frühesten in Deutschland.

50  Zur Unterscheidung der Ästhetik der Gattungen „Ode" und „Lied" vgl. Fischer, Michael, Morgengesang am Schöpfungsfeste. Oden von Klopstock und Milton in der Vertonung von Carl PhilippEmanuel Bach (1783) und Johann Friedrich Reichardt (1806). Vortrag, gehalten am 5. August 2006 bei der Tagung „Geistliche Odendichtung im 17. und 18. Jahrhundert und ihre Wirkung auf die Kirchenkantate", Interdisziplinäres Zentrum für Pietismusforschung der Martin-Luther-Universität Halle-Wittenberg in Verbindung mit den Franckeschen Stiftungen zu Halle. https://www.freidok.uni-freiburg.de/ fedora/objects/freidok:6315/datastreams/FILE1/content (12.05.2016), 10f.: „Klopstock hat in der Ausgabe seiner Werke (Ausgabe letzter Hand) einzig zwischen Oden, geistlichen Liedern und Epigrammen unterschieden.[...] Im letzten Drittel des achtzehnten Jahrhunderts unterschieden die Poeten und Poetologen schärfer und differenzierten innerhalb der lyrischen Poesie in der Regel zwischen „Ode" und „Lied". [...] „Jene hat", so heißt es bei Johann Joachim Eschenburg, erhabnere Gegenstände, stärkre Empfindungen, höhern Schwung der Gedanken und des Ausdrucks; dieses [das Lied] wird gewöhnlich durch leichtere und sanftere Gefühle veranlaßt, und hat daher auch einen leichtern, gemässigtern Ton. (Johann Joachim Eschenburg: Entwurf einer Theorie und Literatur der schönen Wissenschaften (Abschnitt: Die lyrische Poesie; Nr. 2). Berlin 1783", (zit. n. Fischer 2006, 11, Anm. 37).

51  Johann Philipp Kirnberger, *Die Kunst des reinen Satzes in der Musik. 2. Teil 1. Abteilung*. Decker und Hartung, Berlin und Königsberg 1776, 118

52  vgl. in diesem Heft: Moering Anm. 11.